HERPERS
Publishing International

A CIP catalogue record for this book is available from the German Library.
(http://dnb.d-nb.de)

Bibliografische Information der Deutschen Nationalbibliothek
Die Deutsche Nationalbibliothek verzeichnet diese Publikation in der Deutschen Nationalbibliografie; detaillierte bibliografische Daten sind im Internet über http://dnb.d-nb.de abrufbar.

www.herpersverlag.de
www.praxis-zeichnen.de

ISBN: 978-3-946268-84-0

York P. Herpers
Praxis Zeichnen
XL Übungsbuch 19:
Schuhe
HERPERS
Publishing International

Freihändiges Zeichnen – leicht gemacht!

Auch in einer digitalen Welt ist die freihändige Skizzierung ein ***Erfolgsrezept*** für beeindruckende Kunstwerke. Die ***eigene Hand*** macht einen Künstler ***einzigartig***.

Viele Menschen kennen ihre zeichnerischen Fähigkeiten gar nicht. Dabei machen selbst ***ungeübte*** Strichführungen eindrucksvolle Bilder. Die eigene ***Unperfektion*** macht Ihre Bilder zu Kunstwerken.

Dieses Übungsbuch macht Sie zum Künstler

Das ***Abpausen*** ist eine simple und ***bewährte Methode***, das freihändige Zeichnen zu erlernen. Nach Ihren Übungen mit diesem Buch werden Ihnen Skizzen auch ohne Vorlage gelingen, weil Sie ein ***Gefühl für Proportionen und Konturen*** entwickeln.

Es entstehen ***schon beim ersten Versuch beeindruckende eigene Zeichnungen***.
Es sind ***Originale***, die Sie auch mit Ihrem Namen ***signieren*** können. Es ist Ihre Hand, die das sehenswerte Kunstwerk geschaffen hat.
Die ***schönen Motive*** machen jeden Zeichenstrich zur puren Freude.

Nutzen Sie jede freie Fläche, um Ihrer Kreativität freien Lauf zu lassen.

Je nach ***Stiftstärke*** entstehen andere Ergebnisse. Mit einem gespitzten Bleistift erzielen Sie die höchste Detailtreue.

Mit ***Wachsmalstiften*** können Sie Ihre Zeichnung kolorieren oder nur Farbeffekte setzen.

Mit ***Kohlestiften*** entstehen grobe Zeichnungen, die schwierigere Details zu Umrissen werden lassen, aber genauso kunstvoll wirken.

Sie finden ***jedes Motiv zwei Mal als Originalvorlage:*** Einmal zur Probe und das zweite Mal zur verbesserten Umsetzung.

Nutzen Sie die ***Rückseite*** der Skizzenvorlage, um an der spiegelverkehrten Ansicht Ihre ***Linienführung*** oder ***Schattierungen*** zu üben.

Das XL Format macht im Vergleich zum Taschenbuchformat noch mehr Eindruck und ist dennoch handlich und leicht.

Dieses Buch macht einfach nur Spaß!

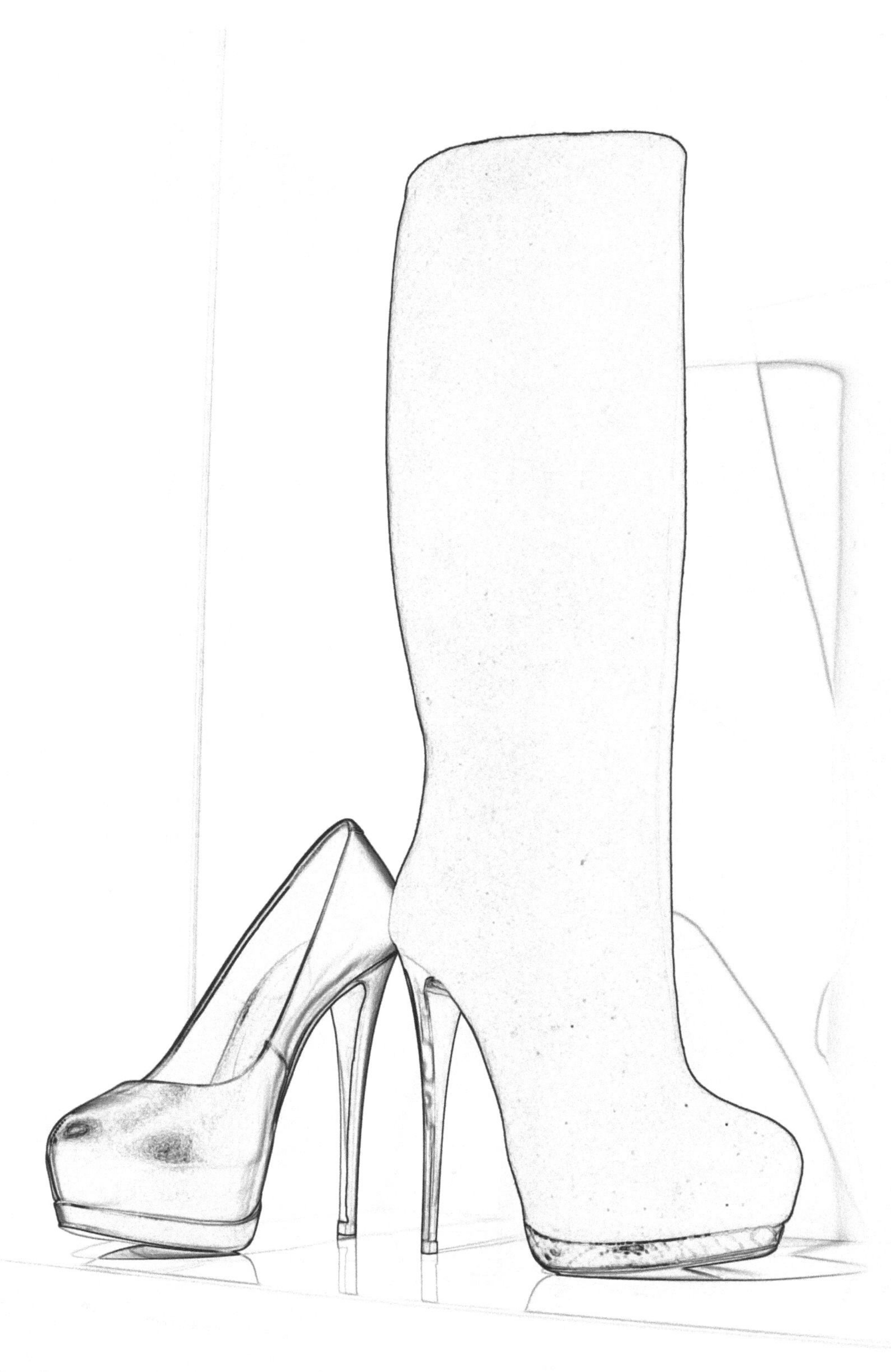

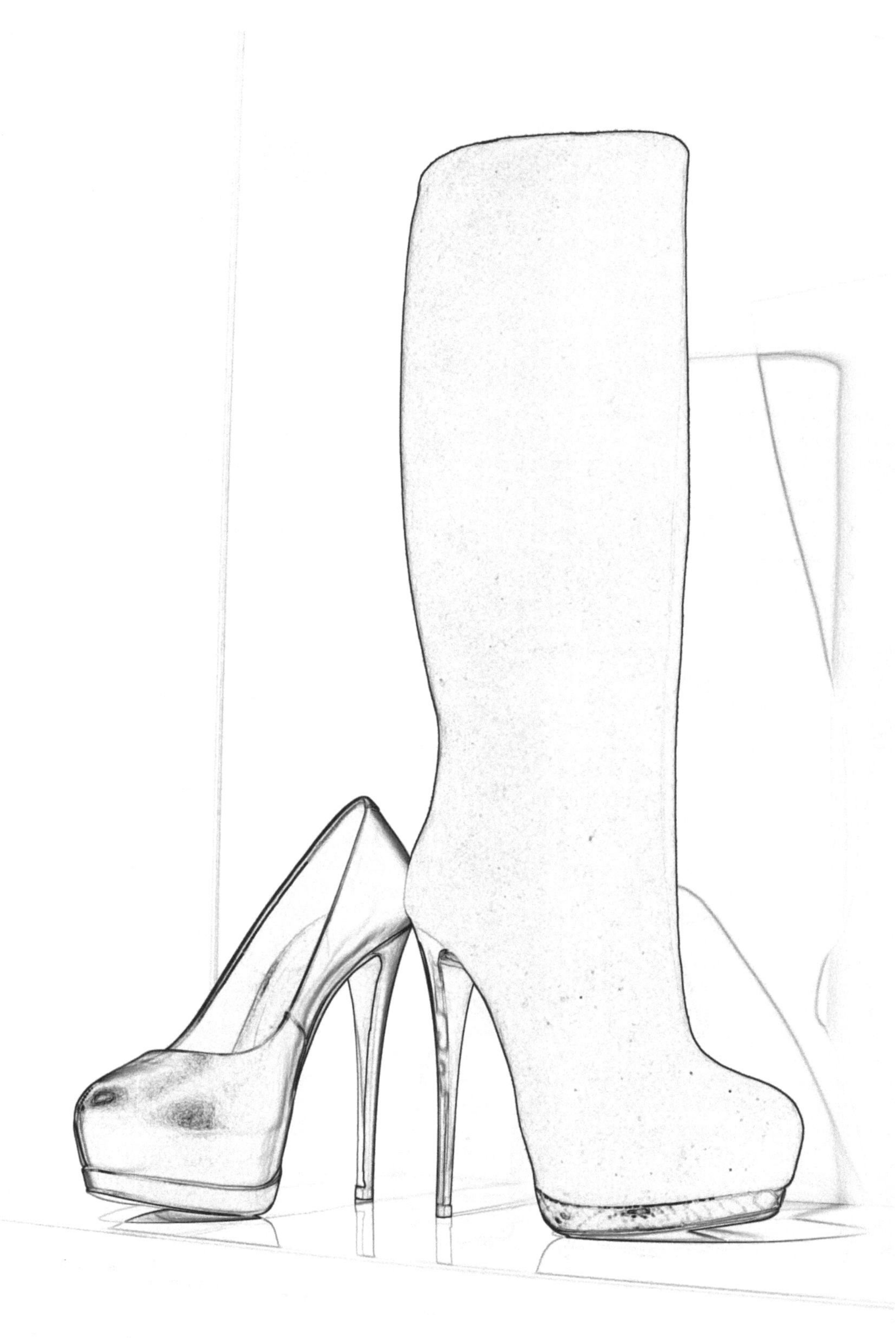

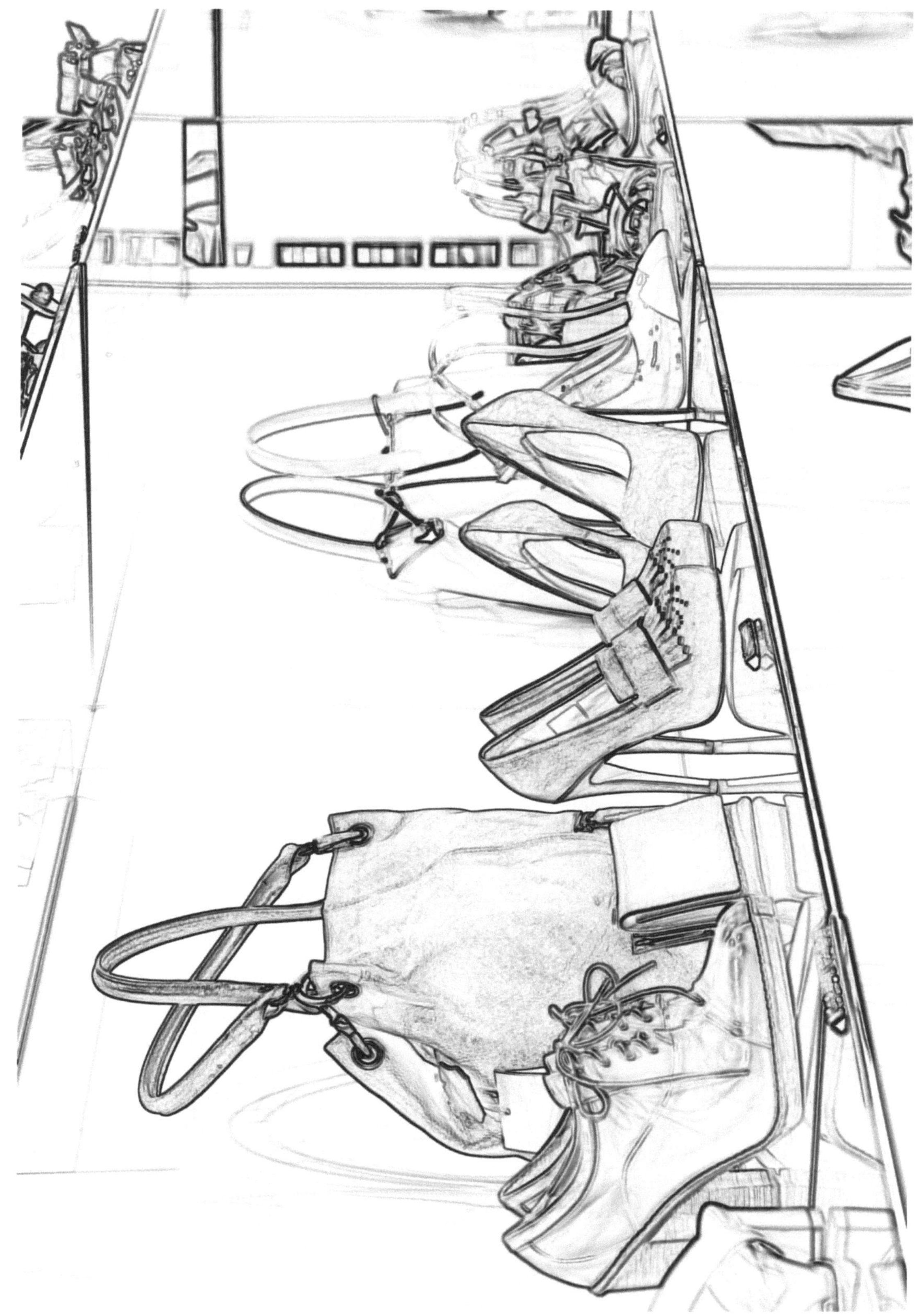

SALE

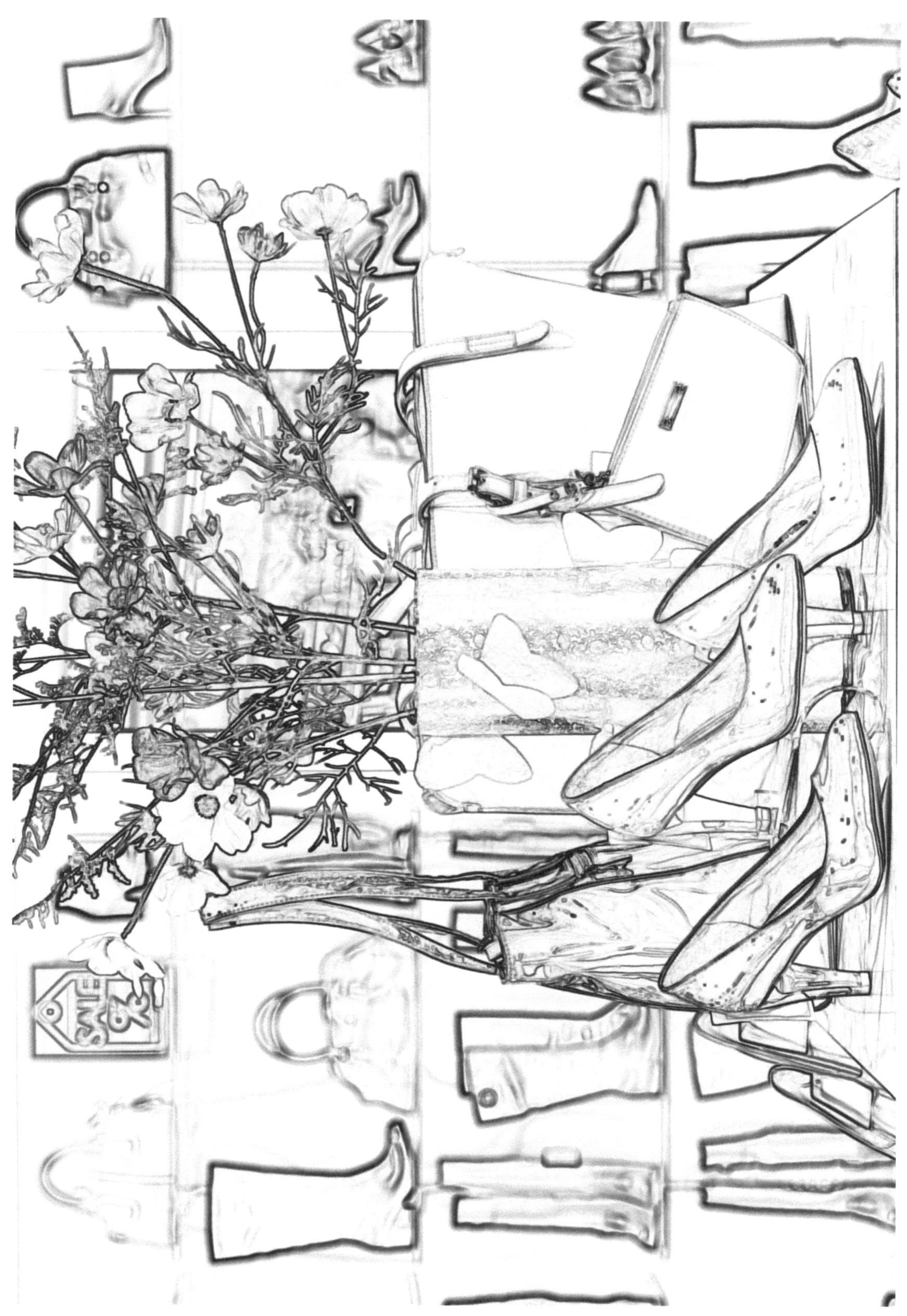

SALE

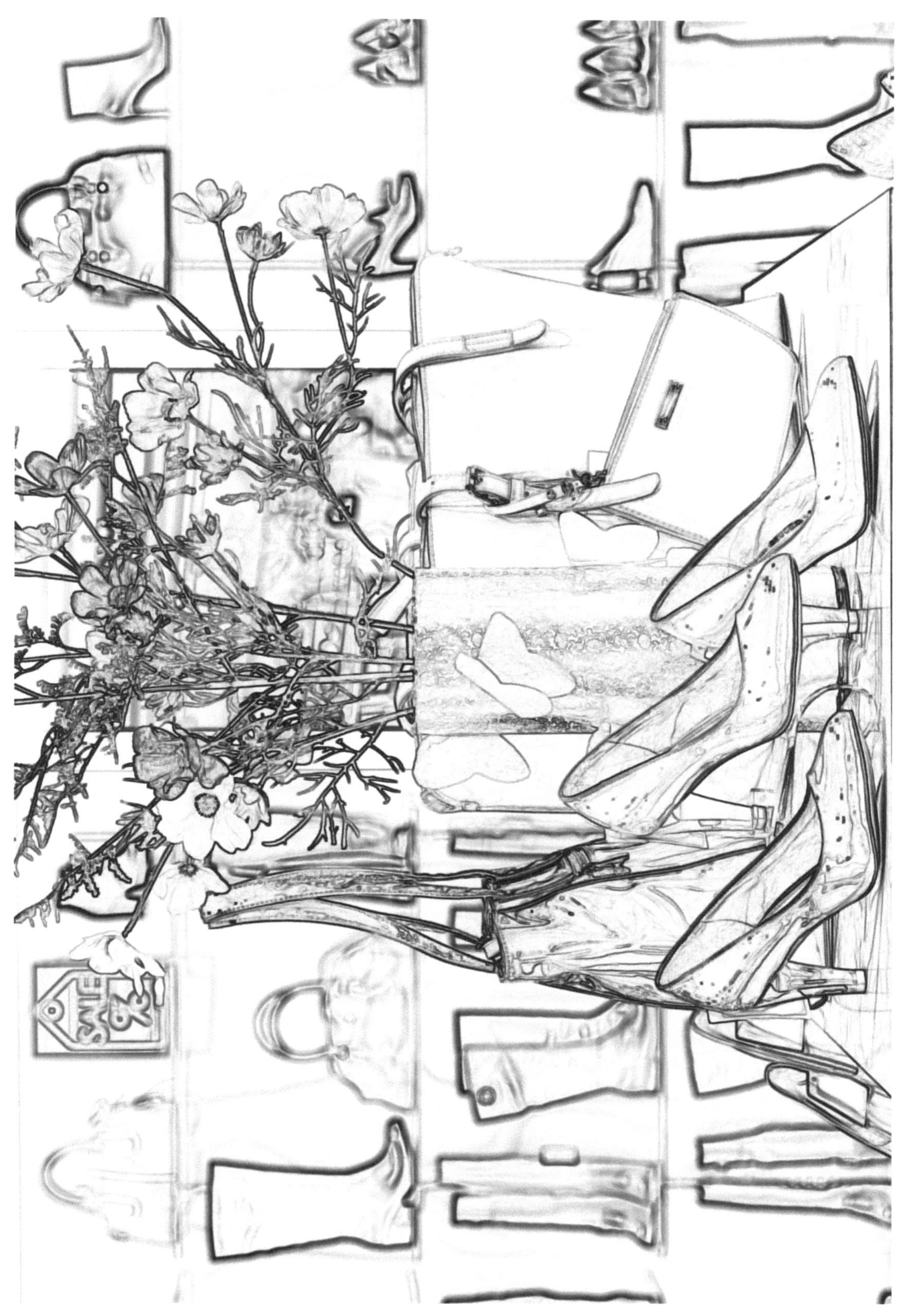

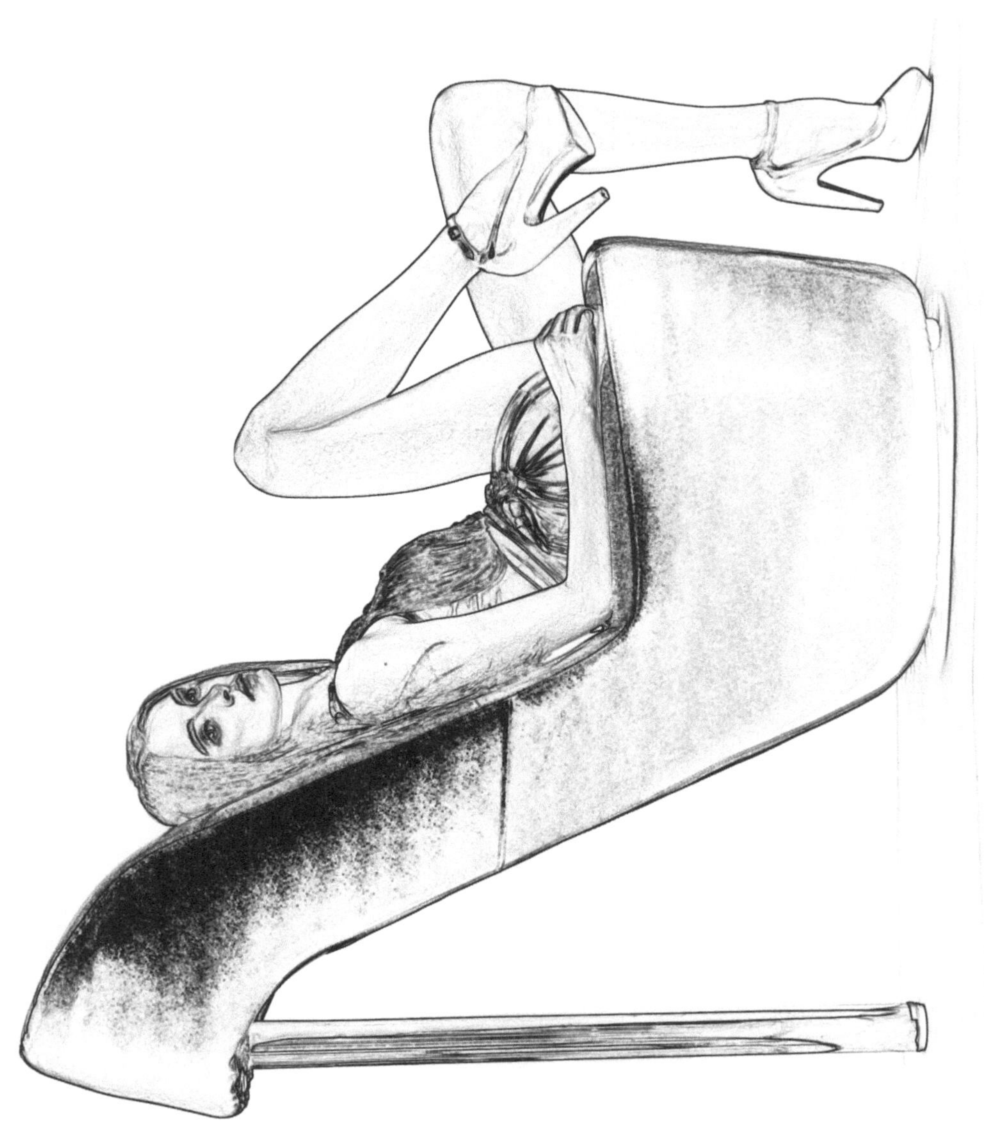

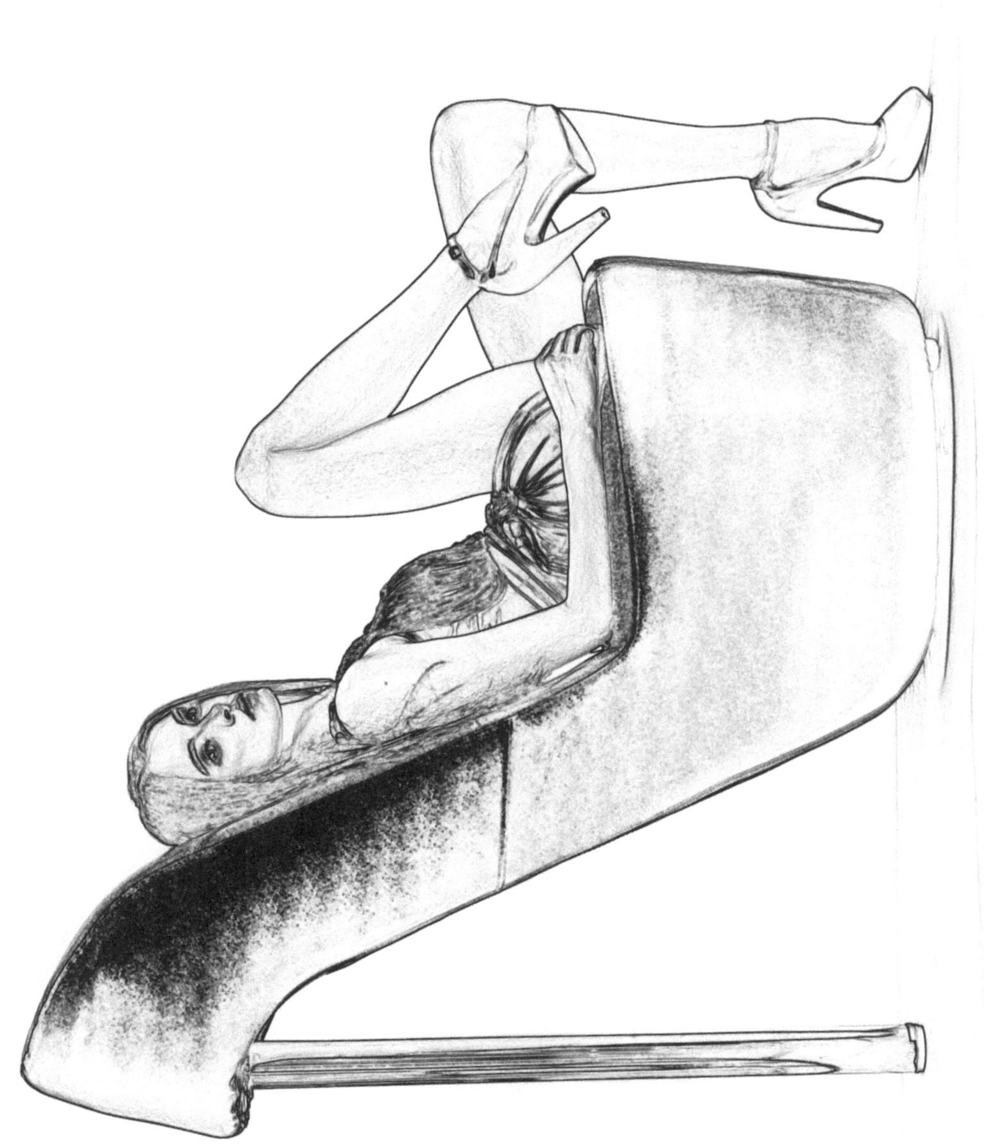

York P. Herpers Praxis
Zeichnen
Übungsbuch 21:
Cocktailkleider

York P. Herpers Praxis
Zeichnen
Übungsbuch 25:
Buddha

York P. Herpers Praxis
Zeichnen
Übungsbuch 18:
Ballkleider

HERPERS
Publishing International

York P. Herpers Praxis
Zeichnen
Übungsbuch 10:
Welpen
HERPERS
Publishing International

www.herperspublishing.com
Produced by York P. Herpers.